人说山西

U0125311

刘玉和　编著

常家庄园——楹联匾额

山西出版传媒集团
三晋出版社

图书在版编目（CIP）数据

常家庄园楹联匾额 / 刘玉和编著 . —太原：三晋出版社，2023.6
ISBN 978 – 7 – 5457 –2744 – 9

Ⅰ.①常⋯ Ⅱ.①刘⋯ Ⅲ.①民居—简介—榆次区② 对联—作品集—中国③牌匾—汇编—榆次区 Ⅳ. ① K928.79 ② I269 ③ K875.4

中国版本图书馆 CIP 数据核字（2023）第 121011 号

常家庄园楹联匾额

编　　著：刘玉和
责任编辑：薛勇强
印装监制：李佳音

出　版　者：山西出版传媒集团·三晋出版社
地　　　址：太原市建设南路 21 号
电　　　话：0351-4956036（总编室）
　　　　　　0351-4922203（印制部）
网　　　址：http://www.sjcbs.cn

经　销　者：新华书店
承　印　者：山西新华印业有限公司

开　　　本：720mm×1020mm　　1/16
印　　　张：7.75
字　　　数：70 千字
版　　　次：2023 年 6 月第 1 版
印　　　次：2023 年 7 月第 1 次印刷
书　　　号：ISBN 978 – 7 – 5457 – 2744 – 9
定　　　价：43.00 元

如有印装质量问题，请与本社发行部联系　电话：0351-4922268

常家庄园之美，美在博大雄浑，占地约 60 万平方米，被誉为"民居故宫"。典雅厚重的文化，是常家庄园之魂。遍布其间的楹联匾额，则处处展示出中华 5000 年文化之神韵。

楹联匾额是我国特有的居宅装饰形式，体现了华夏高度的居住文明和文化。

在我国古代建筑中，屋柱为"楹"，悬挂在门厅两侧屋柱上的对联称"楹联"。楹联不同于春联、寿联、婚联等只是在特定喜庆时张贴的对联，而是长久固定悬挂于居宅建筑的厅堂楼阁，与建筑物融为一体，成为展示主人审美情趣、寄托文化情怀的独特载体。匾额题写和悬挂于建筑物高处的显要位置，是展示家族名望、地位和文化取向的重要载体。

常家庄园目前保存的匾额主要有四种：一是职官匾，一般悬挂在临街的大门上；二是堂名匾，悬挂于二门或正院厅堂；三是寄情匾，悬挂于正厅及廊轩阁榭；四是由朝廷、官府、乡里或门生赠送的匾，悬挂于祠堂或主人宅第。它们与常家庄园规模宏大、为数众多的堂院、宅第、园林等相互映衬，相得益彰，成为体现常氏文化韵味的独特看点。

比如职官匾，常氏由经商起家，传至十世已享有"世兼儒贾为业"之誉。八世到十六世，家族中考取进士、举人、监生、贡生等功名者就多达 146 人，先后有 132 人获得从九品至从二品的官职，其中仅从二品武功将军就有五位。于是有了诸如"大夫第""郡伯第""都阃府""武德第""进士第"等门庭牌匾。

功德匾是集中体现常氏家族作为晋商名门望族的重要标志。在常家庄园，既有朝廷要员如清末历任山西巡抚赵尔巽、曾国荃、恩寿，提督使锡暇，民国山西省长阎锡山、商震赠送的匾额，也有与常氏交谊甚笃的山西学宪钱炎、榆次知县沈继焱，以及省内外因遭受灾害受到过常氏赈济恩惠的灾民，或车辋村乡里联名赠送的匾额。

常家庄园的楹联从位置上可划分为三部分：一是悬挂在门庭院落，二是悬挂于园林建筑，三是附着于遍布景区各处的影壁花墙。从内容上大致可分为四类：一是由常氏族人自拟或题写，二是由地方官员、文人名士或与常氏族人有密切往来的友人拟题，三是借鉴古人诗句或名联，四是从大江南北的名胜古迹中遴选辑录。这些书法、材质、造型和工艺制作各异的楹联，与古朴厚重的晚清庄园相互映衬，凸显出景区典雅的文化氛围。

据粗略统计，常家庄园目前共保存有各类楹联匾额200余块（副），其中匾额百余方，楹联90余副。它们与景区宏大的规模体量，鳞次栉比的长街深院、门庭牌坊、亭阁园囿、小桥流水交相融会，成为游人品读常家庄园悠久厚重的儒商文化不可或缺的点睛之笔。

目录

居宅门庭楹联匾额

堡门下匾：敦艮吉

石质，十二世常炳书写，位置在堡门门洞上方。

"敦艮吉"出自《易经·艮卦》，是说敦厚笃实而懂得适可而止，这样就会得到吉祥。这里是说，堡门的方位朝向东北，居住在庄园的人质朴敦厚、诚恳待人，并希望庄园和整个村落都能吉祥如意、平安幸福。

二层匾：日新其德

清代杜大统书写。杜大统（1733—？），字惟九，号枕岗道人，太谷县阳邑村人，监生。一生未仕未婚，倾心书道，精研楷、行、草诸体书法，师柳公权几可乱真，尤以魏碑造诣极高。

"日新其德"出自《易经·大畜》中的"大畜，刚健笃实辉光，日新其德"。大意：君子每天都要"三省吾身"，使自身品德有新的提高。

三层匾：常家庄园

著名书法家、山西大学教授姚奠中题写。

楹联：

> 晋商席卷天下雄风安在留十二万庄园遗址堪赏览
> 常氏囊括四海精神何存有五百年诗礼传家可追寻

由榆次区委原书记、常家庄园修复的主要倡导者和组织者耿彦波拟题。"十二万"，指修复后的常家庄园景区占地面积达 12 万平方米；"五百年"，指常氏始祖常仲林于明弘治年间（1488—1505）由太谷惠安迁来车辋已达 500 余年。

堡门（西向）二层匾：敦睦仁里

十二世常炳书写。

车辋村除常姓外，同时还居住有刘、聂、李等他姓家族和村民。常氏在修筑堡墙和堡门时悬挂此匾，提醒族人要与乡里和睦相处，时刻以仁义对待他人。

三层匾：长发其祥

清代杜大统书写。

楹联：

遂其洁清明月如画
欣然嘉喜景星照堂

清代书法家祁寯藻书写。祁寯藻（1793—1866），字叔颖，号春圃，山西寿阳人。清嘉庆十九年（1814）进士，由庶吉士授编修，累官至体仁阁大学士、太子太保。书工行楷，宗柳公权，参以黄庭坚，风格清峻遒劲。

楹联出自《焦氏易林》。景星，指祥瑞之星兆。

大门中匾：常氏宗祠

十三世常立德书写。

大门左匾：艺舟攸济

山西巡抚曾国荃于光绪五年（1879）赠给常氏世德堂，赞扬常氏在弘扬地方文化、传播儒学道德上使山西得到了不少益处。

大门右匾：乐善好施

山西巡抚赵尔巽于光绪二十九年（1903）奉旨赠给常氏世德堂、世和堂，表彰常氏为协助朝廷捐资赈灾作出的贡献。据查，当时山西晋中一带并无大灾，可见常氏捐巨资赈济的应是外地灾民。

楹联：

> 卜地辋川百代儿孙承德泽
> 名堂燕翼一脉先祖绍嘉猷

十三世常立德书写。

上联：卜，指占卜、选择。常氏原非本地人，明朝弘治年间（1488—1505）由太谷惠安迁来，并选择了风水极佳的榆次车辋定居。辋川，指形状如车轮的平川村落。大意：祖先选择了车辋村这个吉祥之地定居，子孙后代能承托祖上的余荫，家业兴旺，代代相传。

下联：名堂燕翼，指常氏到车辋后，至三世廷和、廷美、廷玉三兄弟才有了一个住处，俗称"老大门"。原址在车辋正街中端北侧，后世为其命名"燕翼堂"。大意：在这座简朴的小院中，一批批后人承继了先辈的创业精神、勤俭持家和崇儒重教的品质，才使家族发扬光大，成为礼仪望族。

戏厅匾：义关风雅

世和堂（"北常"总称）世代以儒学传家，山西巡抚曾国荃为褒奖常家在经济、文化上对地方作出的贡献，奏请朝廷后赠予常家此匾。

"风雅"，指《诗经》中的《国风》和《大雅》《小雅》，亦用以指代《诗经》，或指教化。用在戏厅，应当泛指以文艺或戏剧表演艺术，教化族人或世人。

楹联：

> 双蜚雕鹗云霄志
> 累叶缥缃忠孝经

清代郭棻书写。郭棻，字芝仙，号快庵，直隶清苑（今河北省保定市清苑区）人。清顺治九年（1652）进士，先任翰林院检讨，后授经筵讲官。康熙称赞"郭棻办事老成，优于学，实为北方才子"。郭棻工诗文、善书法，堪与赵孟頫、董其昌媲美，时鸿篇巨制多出其手。文笔与华亭沈荃齐名，有"南沈北郭"之誉。

蜚，意同飞。雕、鹗，二者皆为善飞翔的大鸟。累叶，指累世、历代。缥，淡青色的丝织物；缃，浅黄色的帛。古代一般用淡青色与浅黄色的丝帛做书套。大意：希望子孙有雕鹗冲向云天的宏伟志向；历代藏有以"忠孝"为内容的经典书籍。

宗祠二门匾：光前裕后

十三世常立屏书写。大意：为祖先增光，为后代造福，形容人功业伟大。

楹联：

> 胜地临涂水源之远流之长绵延支派
> 华宗聚辋川霜以栖露以惕感触春秋

清代温晋昌撰，十三世常立屏书写。温晋昌，清咸丰举人，曾受聘常家谦和堂塾师。

胜地，名胜之地；涂水，榆次境内潇河的古称谓；华宗，华贵的大宗族。大意：常氏选择了临近古涂水的这片胜地，历经数百年，源远流长不断发展，如今已经成为当地的名门望族。常氏在车辋这块沃土上聚集生存，要时刻提醒家族中每位成员，不能忘记先辈创业的艰辛，从而违背了先辈的遗愿，做人和做事都要时刻铭记"春秋大义"。

二门厅匾：商山采芝

清同治十一年（1872），车辋乡里 70 余人联名为常氏十二世常龄所立的功德匾。

常龄，字锡九，精通医术，医德高尚。据记载，他为乡里诊病每每不收医资，遇贫寒之家还会免费赠药。病人只需备一炷香供他点燃水烟，人称"一炷香先生"。

商山，位于今陕西商洛，传说汉初"商山四皓"（东园公唐秉、夏黄公崔广、绮里季吴实、甪里先生周术四人）曾在此隐居，这里便成了中国隐逸文化的象征。采芝，是一种祥瑞的寓意，含有长寿、幸福美满的良好祝愿。

此匾寓意常龄安逸洒脱、康乐长寿。

献厅匾：绵瓜瓞

"绵瓜瓞"源于《诗经·大雅·绵》中之"绵绵瓜瓞，民之初生，自土沮漆……"句，是周朝开国庆典所唱的赞歌。瓞，小瓜，如同一根连绵不断的藤上结了许多大大小小的瓜一样，引用为祝颂子孙昌盛。大意：在沮水与漆水的那边，是周族发祥的源泉；如瓜瓞一般藤蔓相继，子孙万代绵延不绝。

楹联：

> 春祀秋祭遵万古圣贤礼乐
> 左昭右穆序一家世代源流

昭穆，指古时宗法制度，宗庙牌位按次序排列，始祖居中，二、四、六世位于始祖左方，称"昭"，三、五、七世位于右方，称"穆"，以此来区分家族的长幼之序、亲疏之别。大意：家族祭祀遵循千百年延续下来的圣贤礼乐制度；宗庙牌位将家族源流和谱系排列清楚。

祠堂正厅匾：本支百世

大意：祈愿车辋常氏支脉繁茂、绵远流长、百代兴旺。

楹联：

> 问姓起何时溯乐奏承云曾有轩辕宰相
> 分支兴此地考年当甘露相传炎汉将军

清代温晋昌撰，十三世常立屏书写。

轩辕宰相，相传黄帝的主要谋臣常先为常姓始祖。炎汉将军，指汉代将军常惠，车辋常氏的原籍在太谷惠安，据传即常惠安葬之地，所以这支常姓奉其为祖。

神主翕匾：报本

大意：饮水需思源，后辈们要以振兴家业来回报祖先的恩德荫庇。

楹联：

得姓有由援古国
分支成聚说平原

据传，常姓的历史可以远溯到黄帝时代，其中的一支源于周朝太原的姬姓，另一支源于战国时期山东的平原郡。

西廊北匾：好行其德

山西巡抚曾国荃于光绪四年（1878）赠世德堂（南常）之匾，表彰其在捐助赈灾方面做出的贡献。

西廊南匾：力挽狂澜

民国十二年（1923），山西督军、省长阎锡山为表彰十五世常运藻在担任榆次禁烟评议员时雷厉风行，为根除毒患所做的政绩而赠此匾。

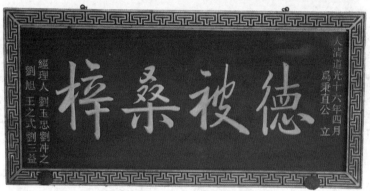

东廊南匾：华萼联辉

山西巡抚曾国荃于光绪四年（1878）以此匾书赠常氏世和堂，表彰常氏全族。

华，即花；萼，即花托。大意：南常和北常就像花和花托一样德行高尚，犹如闪耀的双星交相辉映。可见常氏当时在榆次、晋中，甚至山西，都拥有不同凡响的政治、经济地位和社会名望。

东廊北匾：德被桑梓

此匾是车辋村于道光十六年（1836）为表彰十一世常秉直为家乡公益事业所做的善举而赠送。

大门匾：大夫第

嘉庆年间（1796—1820），十一世秉州、秉祥、秉修、秉式、秉聪为其父亲、诰赠从四品朝议大夫常怀珮所立匾额。

楹联：

明月山房静树深时见鹿
香霭花间露溪午不闻钟

清代张照书写。张照（1691—1745），字得天，号泾南、天瓶居士，华亭（今上海松江）人。善诗，工行草，书法初学董其昌，后师颜、米，运笔雄健，气魄浑厚，兼擅画兰、墨梅。康熙四十八年（1709）进士，官至刑部尚书。

此联表达了主人燕居田园，追求悠闲安谧生活的愿望。

前院正廊匾：承启第

节和堂、人和堂为慎和堂的支堂，遂以承启自戒。

楹联：

皓尔太素栖峙渊深
博览典雅乃有秘书

吴士鉴书写。吴士鉴（1868—1934），字绚斋，号公督，别署式溪居士，钱塘（今浙江杭州）人。光绪进士，官翰林院侍读、清史馆纂修，以评骘金石、考订碑版、精研史籍而名重一时。著有《清宫词》《商周彝器例》《九钟精舍金石跋尾》《含嘉室诗文集》等。

太素，指朴素、质朴；秘书，指少为人知、难得一见的书。

二门东匾：节和堂

清代常赞春书写。节和堂，为慎和堂的支堂。

楹联：

> 旷想已同鸥境界
> 远游方羡雁程途

清代何绍基书写。何绍基（1799—1873），字子贞，号东洲居士，湖南道州（今湖南道县）人。道光十五年（1835）举人，次年中进士。历任文渊阁校理、国史馆提调等职。咸丰二年（1852）任四川学政。后主讲山东泺源书院、长沙城南书院10余年。晚年主持苏州、扬州书局。

联语出自宋朝陆游《舟中晓赋》诗中"浪迹已同鸥境界，远游方羡雁程途"两句，表现主人高洁的情趣和志向。

节和堂正厅匾：学礼典书

学礼，指努力追求学问，勤奋学习儒家的礼乐文化；典书，指传统儒家经典，如《论语》《大学》《中庸》《孟子》等。大意是告诫常家子弟要勤学儒家的经典和礼乐文化。

楹联：

居身不使白玉玷

洁志直与青云齐

清代祁寯藻书写。

二门西厢：人和堂

堂名，是慎和堂的支堂。

楹联：

五际诗听匡鼎说
八分碑看蔡邕书

清代陆润庠书写。陆润庠，字凤石，江苏苏州人。同治十三年（1874）状元，授编撰。历任山东学政、国子监祭酒、内阁学士等。曾受命创办纱厂、丝厂，后授礼部侍郎，工部、吏部尚书。宣统二年（1910）任东阁大学士。辛亥革命后留毓庆宫，为宣统皇帝老师。

五际，指"《诗》有五际"，即汉初《诗》有齐、鲁、韩三家，说明流派众多。匡鼎，指西汉经学家匡衡。八分，又称楷隶，指东汉中期出现的新体隶书。蔡邕，东汉著名学者、书法家，曾与友人匡定"六经"文字，并亲自书写在碑上，以防谬误流传。大意：自古以来，《诗经》的流派和学术思想很多，但是要以匡衡的见解为准；学习"八分"，务必要选择蔡邕书写的碑版。这副楹联是说，学习文化知识一定要"正本清源"，追求正道。

人和堂正厅匾：世显文明

意为代代习儒，使其更加光耀显赫。

楹联：

骨气乃有老松格
神妙独到秋毫颠

　　清代翁同龢书写。翁同龢（1830—1904），字声甫，号叔平，又号瓶生，晚号松禅老人，江苏常熟人，中国近代史上著名的政治家、书法家、收藏家。咸丰二年（1852）举人，咸丰六年（1856）状元。次年授修撰，供职翰林院。同治四年（1865），授读同治帝，光绪元年（1875）奉旨再授读光绪帝，前后达20余年。曾两参军机，为杨乃武与小白菜这一冤案平反昭雪。甲午战败后力主变法维新，为光绪帝拟定并颁发了"戊戌变法"的纲领性文件《定国是诏》。因触怒慈禧太后被开缺回籍。

　　秋毫，鸟兽的细毛，此处指毛笔。颠：书写时遒劲的腕力。大意：人的骨气，要像老松一样坚贞而苍劲；写字作文时，腕力的遒劲才能显示其神妙。

大门匾：郡伯第

道光二十四年（1844），十一世常秉式子恂、恽、悌、惺为父立匾。常秉式曾被朝廷诰赠为正四品昭武都尉，相当于古代的方伯，故称郡伯。

楹联：

> 洞天居丽山异石梧桐柳秀润
> 宝晋斋柔花蕙草椿杉竹露沾

清代周於礼书写。周於礼（1720—1779），字绥远，一字亦园，号立崖，云南峨山人。乾隆十六年（1751）进士，由编修官至大理寺少卿。为文简朴有法度，耽吟咏。其书法师苏轼、米芾，笔势雄伟，有《听雨楼法帖》，另著有《敦彝堂集》《听雨楼诗草》等。

洞天居，南宋古玩碑帖收藏家、鉴赏家赵希鹄的居处，赵希鹄著有《洞天清录集》，为古玩碑帖鉴赏经典。宝晋斋，北宋书法家米芾的斋号，收藏有米芾手摹王羲之、王献之真迹的珍贵名帖。这副楹联是说，常家风光秀丽、山水怡人，收藏的奇石异木，栽种的奇花异草，堪比著名的洞天居和宝晋斋。

二门匾：慎和堂

堂名，十一世常秉式的老堂。

楹联：

> 上栋下宇左图右书
> 夏葛冬裘朝饔暮餐

清代邓石如书写。邓石如（1743—1805），原名琰，因避嘉庆讳，以字行，更字顽伯，号完白山人，怀宁（今属安徽）人，清代书法家、篆刻家。出身寒门，九岁时读过一年书，停学后以采樵、卖饼糊口，后靠写字、刻印谋生。

葛，葛衫；裘，皮衣；饔，早饭。这副楹联是说，君子有屋可居，有书可读，有四季衣服可穿，有一日三餐可食，还有什么不满足的呢？意在通过对这种"安于现状"的生活方式的追求，表达一种高洁的志向。

正厅匾：乐天伦

楹联：

> 摹书最易须是古人名笔
> 定武最佳所贵世有兰亭

清代罗源漳书写（生平事迹不详）。

定武，指唐太宗得王羲之《兰亭序》真迹，命欧阳询临摹，刻石于学士院。后因战乱，碑石流落到定武，被称为《定武本兰亭》，后以为正宗。这副楹联是在讨论法书，认为临摹字帖还是要学习古来名笔，如珍贵的《定武本兰亭》。

大门匾：武德第

光绪三十一年（1905），十四世书春为诰赠正五品武德骑尉的父亲常立叙立的匾额。

楹联：

> 浩溥旁通诗书上不许俭
> 雍容儒雅衣食边只要勤

十四世常麟书书写。

二门匾：雍和堂

堂名，十一世常秉修的老堂。

雍和，这里指家族融洽、和睦。

楹联：

墨画数竿竹半床千古业
片石四时花香薰一架书

清代张照书写。

该联是说宅院主人能诗善画，寄情山水，志趣高雅。

雕花墙隔门匾：格物

源于《礼记·大学》："致知在格物，物格而后知至。"格物，穷究天地万物存在和运行的道理。

楹联：

> 志业常探韦编义
> 经济实藉英雄姿

韦编，指用皮条或藤条将简逐条连接起来，这里代指书籍。经济，指经世济民。这副楹联是说，以深入探究书中的义理，作为自己的志向和事业；经世济民这样的伟业，需要有才干的英雄去创造。

正厅匾：格致中和

格致，亦语出《礼记·大学》"致知在格物，物格而后知至"句，意思同"格物"。中和，语出《中庸》，指中正不偏，适度而有节。

楹联：

> 行尽风林雪径依然水馆山邨
>
> 却是阳春有脚今朝先到柴门

清代常赞春书写。

谦和堂

大门匾：大夫第

咸丰四年（1854），十一世常秉祥被诰赠从四品朝议大夫后，其子常炳为父立匾。

楹联：

> 沸耳煮茶倾心剥芋
>
> 当午读史凌晨注经

清代常旭春书写。

该联是说，饮食有粗茶淡饭就足矣了，但是史籍与经典却是一定要花时间用心研读，传达了一种对待生活和学习的积极态度。

二门石楹联：

> 音响通三籁
> 声歌奏九成

三籁，出自《庄子·齐物论》，指天籁、地籁、人籁，表示获得最广泛的认可；九成，即九重，指极高的地方。

正厅匾：谦和堂

堂名，十一世常秉祥的老堂。

楹联：

> **占得梁园为赋客**
> **合成商岭采芝仙**

清代常立方书写。

这副楹联出自宋代文彦博《奉陪伯温中散程伯康朝议司马君从大夫席于所居小园作同甲会》诗中"招得梁园同赋客，合成商岭采芝仙"两句。梁园，亦称梁苑，为汉代梁孝王在河南开封东南修筑的园圃。商岭，即商山，位于今陕西商洛，传说汉初"商山四皓"（东园公唐秉、夏黄公崔广、绮里季吴实、甪里先生周术四人）曾在此隐居，这里便成了中国隐逸文化的象征。采芝仙，是一种祥瑞的寓意，含有长寿、幸福美满的良好祝愿。上联是说常家环境优美，如同汉代的梁园，文人雅客纷至沓来；下联是说宅院主人身居福地，和谐静谧。

石芸轩书院

大门匾：石芸轩

清代常立方书写。

芸，一种香草名，也叫芸香，可入药，后来也指古代藏书之所，引申为书斋、书卷等。石芸，即石制的法书。石芸轩内书法石刻众多，尤其收藏有遗世珍品——"石芸轩法帖"。

楹联：

著书已括金楼子
汲古常携玉带生

清代华世奎书写。华世奎（1863—1941），字启臣，号璧臣，天津人。曾任八旗官学教习，赏二品顶戴、内阁阁丞。其书法走笔取颜字之骨，气魄雄伟，骨力开张，功力甚厚。手书"天津劝业场"五字巨匾，苍劲雄伟，可为代表作。其书法小至蝇头小楷，大至径尺以上榜书，结构凝重舒放，晚年更苍劲挺拔，居当时天津四大书法家之首。

《金楼子》，南梁孝元帝萧绎所著囊括古今事迹的书，共15卷。"玉带生"，南宋文天祥珍藏一砚，有白纹如玉带，名为"玉带生"。清朱彝尊曾作《玉带生砚歌并序》。这里寓意着主人对尊贵优雅事物的喜爱和倾慕。

书院东门匾：凌云

楹联：

> 如天高年不可纪
> 此国极乐无能争

清代赵之谦书写。赵之谦（1829—1884），字益甫，号悲庵，会稽（今浙江绍兴）人。自幼读书习字，博闻强识，曾以书画为生。擅人物、山水，尤工花卉；其书法初师颜真卿，后法北朝碑刻，作楷书笔致婉转圆通，人称"魏底颜面"；篆书在邓石如的基础上掺以魏碑笔意，别具一格。著《悲庵居士文》等，其印有《二金蝶堂印谱》。

此联应当是在颂扬儒学源远流长与天齐寿，其中乐趣无可比拟。

书院西门匾：壮怀

楹联：

> 林间好鸟人如意
> 壁上春山月有光

清代王灌书写（生平事迹不详）。

楹联通过飞鸟绕林、春山明月赞美大自然令人神往的幽雅境界。

书亭匾：德有邻

出自《论语·里仁》中"德不孤，必有邻"句。就是说德行高的人必然不会孤单，一定会有人和他亲近。以德为邻的人，离大道还会远么？

楹联：

> 树霭悬书阁坐月观经典
> 烟含作赋台拂露悟春秋

这副楹联分别化用自唐代张说《春雨早雷》中的"树霭悬书阁，烟含作赋台"两句，李白《北山独酌寄韦六》中的"坐月观宝书，拂霜弄瑶轸"两句。大意：重重树荫之中，书阁像悬浮在空中一样，坐在月下认真读书；浮动的烟云包住了平日作赋的亭台，轻拂露珠感受其中的真意。

画亭匾：志于道

出自《论语·述而》中"志于道，据于德，依于仁，游于艺"句。就是说君子要以道为志向，以德为基础，以仁为根本，然后娴熟地掌握各种技艺。

楹联：

> 泼墨染远山寻访前贤意
> 斜笔点近松托寄后学心

琴亭匾：学而思

出自《论语·为政》中"学而不思则罔，思而不学则殆"句。

大意：只读书学习而不思考问题，就会没有收获；只空想而不读书学习，就会疑惑而不能肯定。

楹联：

映月酌商音高歌振林木

张琴和古松纸吟娱冬春

棋亭匾：思无邪

出自《论语·为政》中"诗三百，一言以蔽之，曰'思无邪'"句。大意：《诗经》有300首，用一句话概括，那就是思想纯正、不虚假。

楹联：

> 品茗临春草黑白无胜负
> 对弈闻夜钟胸腹有甲兵

听雨楼法帖匾：名教有乐地

出自南宋陆游七律《题梅汉卿醉经堂》："信哉名教有乐地，白首不入无功乡。"

楹联：

> 已洁心源超世表
> 只将诗句答年华

清代十三世常立方书写。

常氏遗墨帖匾：诗书皆雅言

出自《论语·述而》中"子所雅言，《诗》、《书》、执礼，皆雅言也"句。

大意：孔子有时讲雅言，读《诗》、念《书》、赞礼时，用的都是雅言。

楹联：

> 精神到处文章老
>
> 学问深时意气平

清代石韫玉书写。石韫玉（1756—1837），字执如，号琢堂，又号花韵庵主人，江苏吴县（今江苏苏州）人。乾隆五十五年（1790）进士，授翰林院修撰。诗人、藏书家，著作甚繁，有《独学庐诗文集》《晚香楼集》《花韵庵诗余》等。

石芸轩法帖匾：他山之石

楹联：

红叶丽时应取醉
白云深处好寻诗

清代李鸿藻书写。李鸿藻（1820—1897），字兰荪，河北保定人，同光年间的清流领袖。咸丰二年（1852）进士，选庶吉士，授编修，历任礼部尚书、协办大学士，调吏部尚书。卒谥文正，赠太子太傅。其书法谨严，气息深厚。家多名绘，间作山水，笔墨淹润，士气盎然。

听雨楼上匾：听雨楼

楹联：

竹阴在地清于水
兰气当春静若人

清代潘祖荫书写。潘祖荫（1830—1890），字在钟，号伯寅，亦号少棠，江苏吴县（今江苏苏州）人。咸丰二年（1852）探花，授编修，官至工部尚书，加太子太保衔。其平生酷爱收藏，通经史，精楷法，藏金石甚富，著有《攀古楼彝器款识》等。

听雨楼下匾：尊贤崇礼

楹联：

堂设琴书听泉山俯内和外适
旁睥竹树仰观云石物诱气随

清代邓石如书写。

联出唐白居易《庐山草堂记》一文。通过一系列景物描写，反映主人优雅闲适的静谧生活。

大门匾：进士第

本堂学子常麟书于光绪二十九年（1903）会试中进士后立。

楹联：

庭有余香谢草郑兰燕桂树

家无别况唐诗晋字汉文章

清代常立屏书写。

"谢草"，指南朝文学家谢灵运"池塘生春草，园柳变鸣禽"之典故；"郑兰"，是指春秋时郑文公妾燕姞梦见神人赠兰而生郑穆公，遂名兰，亦称子兰；"燕桂树"，是指窦燕山教五子俱登科的典故。据《宋史·窦仪传》载："仪学问优博，风度峻整。弟俨、侃、偶、僖皆相继登科。时称窦氏兄弟为'燕山五龙'。"此联对仗工整，言事用典，即事抒怀，称得上是千古名联。

石半亭楹联：

处事近厚纤毫必偿为信
存心诚实时刻不易乃忠

大意：为人处事要厚道，承诺过的事情，无论大小轻重一定要兑现，才称得上讲信用；做人要随时随地讲究诚实，日久天长、坚持不懈才符合忠义。

前院西门匾：养和堂

十一世常秉聪的老堂。

楹联：

书中有书尽看书不如无书

礼外无礼唯守礼是为有礼

常氏书写。

西院正厅匾：书百忍

　　据传，唐郓州寿张县人氏张公艺九世同堂、享年百岁。麟德二年（665），唐高宗率文武百官登泰山封禅，归途经寿张访贤，时张公艺已88岁高龄。高宗问张公艺长寿与治家之道，公艺书写100个"忍"字，并介绍内容：父子不忍失慈孝，兄弟不忍外人欺，妯娌不忍闹分居，婆媳不忍失孝心……高宗闻之备受感动，即封张公艺为醉乡侯，封其长子张希达为司仪大夫，并亲书"百忍义门"四字，敕修百忍义门。

　　楹联：

乐无事日有喜
饮且食寿而康

刘墉书写。

前院东门匾：观国光

本堂主人十一世常秉聪入国子监后立。

"观国光"，应当指国家杰出人才的风范，这是褒扬常秉聪的话。

楹联：

绍祖宗一脉克勤克俭

教子孙两事唯品唯德

十三世常立屏书写。

绍，继承。

大门匾：辋川别墅

常氏书写。

唐代大诗人王维，祖籍山西祁县，晚年隐居终南山辋川别业。常氏仰慕王维的诗才与德行，因常家庄园亦坐落于一马平川的车辋村，故命名客房院为辋川别墅。

楹联：

> 烟云清处霞飞万里浮淑气
> 晓晖秀壁锦铺千树映紫微

　　清代王文治书写。王文治（1730—1802），字禹卿，号梦楼，丹徒(今江苏镇江)人。乾隆二十五年（1760）进士，官至云南临安知府。工书法，得董其昌神髓，与梁同书齐名。因作书喜用淡墨，以表现萧疏秀逸神韵，时称"淡墨探花"。善画墨梅，韵致卓绝，诗宗唐宋，自成一家，并精音律之学。

　　该联出自康熙皇帝《登金山望长江》诗中"烟云清处晓霞飞，万里滔滔映紫微"等句。这副楹联赞美大自然壮观秀丽的景色。

客房院夹牌楼门匾：缉熙

　　缉熙，源于《诗经·大雅·文王》。据传周公作乐祭文王曰：
"穆穆文王，于缉熙敬止。"大意：文王的风度庄重而恭敬，行
事光明正大又谨慎。这里的"缉熙"，指光明、光辉。

正厅匾：壶德昌后

十一世常秉儒仗义疏财，赈济灾民，有乡里百余人联名赠送此匾。

壶，古代宫中的道路；壶德，指常氏奉朝廷旨意赈济灾民，功德无量。

楹联：

花径不曾缘客扫
蓬门今始为君开

杜甫诗句，清代常旭春书写。

体和堂

大门匾：文魁

本堂学子常憬于咸丰年间（1851—1861）受朝廷恩旨赐举人身份后立，他也是常家的第一位举人。

楹联：

落叶无端悲壮士
真茶远寄自潜夫

刘春霖书写。刘春霖（1872—1942），字润琴，号石筼，直隶肃宁（今河北肃宁）人。光绪三十年（1904）甲辰恩科头名，中国历史上最后一位状元。

这副楹联，上联出自清代汪中的《九日江上逢》诗，写久别重逢之情；下联出自周亮工的《六安梅花片》诗，借茶写友谊。

二门抱厦楹联：

细雨有声弹席帽
清风无碍入纱窗

华世奎书写。

席帽，古代的一种帽子。以藤席为骨架，形似毡笠，四缘垂下，可蔽日遮颜。

正楼匾：体和堂

堂名，十一世常秉儒的老堂。

楹联：

玉树瑶林照春室
物华天宝借余光

清代常旭春书写。

　　联中"玉树瑶林照春室"出自元好问诗《去岁君远游送仲梁出山》，"物华天宝借余光"出自元好问诗《别覃怀幕府诸君二首》，均描写秀丽景物，含祥瑞祝福之意。

大门匾：皇恩垒锡

常怀玗诰赠从二品武功将军后，子秉猷、秉绥、秉儒为父亲立匾。锡，赐予；垒锡，指皇帝多次赏赐。

楹联：

> 凤皇宝镜日有意
> 丙午神钩君高德

清常赞春书写。

联中"凤皇（凰）宝镜""丙午神钩"，均为古代样式精美、工艺复杂的器物，含有恭贺升迁、吉祥祝福等意。

正楼匾：广和堂

堂名，常秉猷后人支堂。

楹联：

> 露气竹窗静泼墨临摩诘
> 秋光月夜深衔杯咏少陵

清代张照书写。

联出唐马戴的《新秋雨霁宿王处士东郊》诗"露气竹窗静，秋光云月深"句。摩诘，指唐代大诗人、画家王维；少陵，指少陵野老杜甫。该联表现一种安逸闲适的生活。

大门匾：都阃府

此匾是十一世常秉文被朝廷诰赠为武功将军后，其子常寿为父立匾。都阃，指统兵在外的将帅，清代一般指四品武官。都阃府，即四品武官的府第。

楹联：

> 灵气之通鸾鹤骖瑶下
> 龙虎之山芝草纷然生

清代邓石如书写。

"鸾鹤""骖瑶""芝草"在古代均为瑞兽或表示吉祥之物，寓意宅院主人和谐安康、幸福美满。

绣楼上匾：淑德可风

山西女子师范学校国文专科班的学生赠给常赞春（时为该校教师）夫人乔映
漪的匾，赞扬常乔氏的品德和修养，堪称女性楷模，值得后辈们效法学习。

楹联：

> 花翻浪拥蒸霞始放宜春沃
> 天色风动悬萝接紫尽桑麻

清代王文治书写。

联出康熙皇帝的《登金山望长江》《雨后见梅花》等诗，其中化用了"花翻
浪涌疑天色，风动帆张共德威""新雨濛濛宜五沃，蒸霞始放见钱江"等句，借
以赞美大自然的雄奇秀丽和色彩纷呈。

绣楼下匾：学易颐龄

十四世常赞春于光绪末年就读于京师大学堂，民国六年（1917）应聘山西大学堂文科班教授。此匾系其学生为感谢师长博学善教、祝愿老师健康长寿而赠。

楹联：

竹树阴浓笠屐行吟梵宇路
禽声早暮秦法鸡鸣翠微间

清代邓石如书写。

笠屐，竹帽木鞋，乡间隐士常穿戴的衣着；梵宇，寺院；秦法，法指寺庙举行法事使用的法器，如鼓、钹、号、木鱼等，秦法喻古老悠远的佛道音乐。

正院正厅匾：贵和堂

楹联：

倪迂清闷云林阁
米老英光宝晋斋

清代华世奎书写。

倪迂，元明时书法家倪瓒，号林云子，亦号"倪迂"；清闷，倪瓒学王献之笔意书写了《清闷阁全集》；云林阁，倪瓒居室名。米老，指米芾，宋代大书法家；英光、宝晋斋，这里代指米芾专帖《英光堂帖》《宝晋斋帖》。

藏书楼上匾：士诵清芬

清代山西巡抚恩寿题给常赞春的匾。清芬，指高洁的品德。大意：士林传颂着主人的德行。

楹联：

太古乾坤随处有
君家庭院得春多

常赞春书写。

联出宋代黄庭坚《赋陈季张北轩杏花》和苏轼《次韵杨褒早春》。太古，指远古、上古等古老的时代。

后楼下匾：分惠士林

清代山西提督使锡暇题给常赞春的匾。大意：先生的品德和学术熏陶了山西的学子们，使士林获益匪浅。

楹联：

向以扩胸襟要熟读九经诸史
欲求开眼界须游历名山大川

清代常旭春书写。

大门匾：大夫第

十一世秉文、秉郡为诰赠朝议大夫的父亲常怀珍立匾。

楹联：

> 著手成春暗与道合
> 用心若镜清恐人知

清代陆润庠书写。

著手成春，常用以赞誉艺术家技艺精湛；用心若镜，指内心像明镜一样，能客观地反映事物。这副楹联是说，加工过的作品，颇为符合艺术规律；心平如明镜，怕让别人知晓。

东二门匾：贞志凌霜

清山西学宪钱炎为常门贾氏题写的匾。

楹联：

> 仁义为怀小用小效
> 钟镛程器大扣大鸣

　　清代左宗棠书写。左宗棠，字季高，号湘上农人，湖南湘阴人。晚清军政重臣，湘军统帅之一，洋务派重要首领。著有《楚军营制》《朴存阁农书》等。

　　此联应该是表现儒家"达则兼济天下，穷则独善其身"的思想，鼓励不论才具大小和平台高低，都要有所作为。

东正厅匾：克明峻德

出自《尚书·帝典》。大意：做人要严于律己，发扬廉明清正的品德。

楹联：

> 高人自与山有素
> 老可能为竹写真

清代赵之谦书写。

联出北宋苏轼《越州张中舍寿乐堂》《题过所画枯木竹石三首》诗。

西二门匾：曹欧风范

民国初期，晋绥军将领、山西省长商震书赠常门曹氏夫人的匾。曹欧，指曹娥、欧宝，东汉时期著名的孝女和孝子。

楹联：

> 志道有初基要入门心径先问
> 读书无别法须循序阶可升登

赵铁山书写。

西正厅匾：教人务本

光绪末年，榆次知县沈继焱题写给常赞春的匾。

楹联：

读书即未成名毕究人高品雅
修德不期获报自然梦稳心安

常赞春书写。

联出清代《格言联璧·学问类》。

园林建筑楹联匾额

静园大门匾：静园

楹联：

鱼跃龙翔瀛海新波添夜雨
鸾栖凤哕南山乔木长春阴

清代杨二酉书。杨二酉（1705—1780），字学山，号柳南，太原晋祠南堡人。
雍正十一年（1733）进士，官兵部掌印给事中。工书善画，娴吟咏，长于古文辞章。

联出明代李东阳《次韵贺彭阁老先生》诗，有恭贺仕途顺畅、祥瑞毕集之意。
哕，泛指鸟鸣声。

杏园四亭匾：披风（东北）、枕霞（西北）、景星（东南）、庆云（西南）

在匾额中，披风、枕霞，指人的一种超然物外、淡薄恬静的生活方式。景星、庆云，均为一种祥瑞之兆。

流芳亭匾（杏园）：积善流芳

楹联：

> 郇黍召棠咸称令子
> 泰松岱柏同祝长春

清代翁同龢书写。

郇黍、召棠，均为典故，指官员美好的名声和优秀的政绩。
令子，对别人儿子的美称。泰松、岱柏，常用来代指长寿、安康。
大意：子孙如郇黍、召棠般优秀出色，主人如泰山松柏般长青不老。

狮园正门楹联：

日有所思经史如诏
久于其道金石为开

清代包世臣书写。包世臣（1775—1855），安徽泾县人，嘉庆十三年（1808）
举人。邓石如弟子，得邓派真传，书法、篆刻为时人折服。中年书从颜、欧入手，
转及苏、董，晚年习"二王"，遂成绝业。

这副楹联是说，人们学习经史，一定要和自己的日常生活相结合，要慢慢体
会；知识在日积月累之下，最终会融会贯通。

狮园且坐亭匾：且坐亭

楹联：

> 得也休急失也休急再等等名位富贵无非浮世幻影
> 来者莫忙去者莫忙且坐坐良辰美景奈何苍天无情

耿彦波题。

可园知味轩匾：知味轩

楹联：

> 奎壁光华文藻丽
> 岱嵩品望玉峰清

清代纪昀书写。纪昀（1724—1805），字晓岚，一字春帆，号观弈道人，直隶献县（今属河北）人。清代学者、文学家，乾隆进士，官至礼部尚书、协办大学士，卒谥文达。著有《纪文达公遗集》《阅微草堂笔记》等。

奎壁，二十八宿中奎宿与壁宿的并称，常用以比喻文苑。岱嵩，代指高山。

可园曲廊卧云亭匾：卧云

楹联：

> 树人床头花来镜里
> 风生石洞云出山根

　　清代邓传密书写。邓传密（1795—1870），字守之，号少白，安徽怀宁人，乃清代碑学书家巨擘邓石如之子。他家学渊源，与包世臣、龚自珍、何绍基等交往甚笃，"篆隶得家传之法"，有《广印人传》《东州草堂诗志》《艺林年鉴》等传世。

　　这副楹联出自南北朝时期北周文学家庾信的《梁东宫行雨山铭》和《明月山铭》，皆为写景之佳篇。

遐园大门匾：遐园

楹联：

> 富贵不淫看阁前花开花落
> 贫贱莫移望天外云卷云舒

耿彦波题。

遐园临池斋匾：临池斋

遐园如是坊匾：如是坊

遐园锄月亭匾：锄月

静园琴心亭匾（局部）：琴心

楹联：

高山流水人生得一知己足矣
清风明月斯世有二好景可也

耿彦波题。

静园听雨轩匾（北向）：听雨轩

楹联：

> 曲水崇山雅集逾狮林虎阜
> 莳花种竹风流继文画吴诗

清代张之万书写。张之万（1811—1897），字子青，号銮坡，直隶南皮（今河北南皮）人。道光二十七年（1847）进士及第，官至大学士，赠太保，谥文达。画承家学，山水画骨秀神清。晚年笔简墨淡，弥见苍寒。与戴熙交往相契，时称"南戴北张"。

原联在苏州拙政园玲珑馆，系常氏族人转录并制联。这是张之万题写苏州拙政园的对联。拙政园是江南园林的代表，在拙政园与文人的聚会，让张之万流连忘返。上联"曲水崇山"，化用了王羲之《兰亭集序》的典故。上联说，拙政园有山有水，胜过了狮子林和虎丘。下联是说，在拙政园种花种竹，其间之潇洒风流，足以媲美苏州文人文徵明的书画和吴伟业（吴梅村）的诗歌。

此联之妙处，在于借用苏州的景点和名人来为拙政园作陪衬，借此突出拙政园的美，表达文人的闲情逸致。

静园听雨轩楹联（南向）：

梅渚千峰雪褚帖临窗学
冰壶百尺帘陶诗傍枕开

清代张照书写。

楹联出自明代陈继儒《小窗幽记·集绮篇》文"香吹梅渚千峰雪，清映冰壶百尺帘"句，南宋陆游《初夏野兴三首》诗"数行褚帖临窗学，一卷陶诗傍枕开"句。褚，指唐代书法家褚遂良；陶，指陶渊明。

静园超然阁匾：超然阁

取苏轼《超然台记》意境，追求现实主义与浪漫情怀的完美结合。

楹联：

> 商场驰骋是大丈夫风流盖世
>
> 田园安居乃真君子耕读传家

耿彦波题。

二层匾：四时辋川

楹联：

财取天下开拓茶路万里报国乃匹夫之责耳富贵不过身外浮云
燕居田园静听蛙声一片动情于山水之间也淡泊方是人生根本

耿彦波题。

三层匾：松下风来

楹联：

万水地间终是一
诸山天外自为群

清代何绍基书写。

这副楹联用"万水""诸山"构筑了一个庞大辽阔的意象，最后"终是一""自为群"却又归于平淡，饱含一种处世态度和哲思。

观稼阁四层匾：观稼阁

楹联：

> 厚俗仁风开轩畎亩赊笙歌
> 张德斯威体乾勉已识璇玑

清代王文治书写。

这副楹联出自康熙皇帝《虎丘》《登金山望长江》诗，应为其下江南时所写诗歌。前诗"仁风期大吏，厚俗止纷华。停辇舆情问，开轩畎亩赊"，写虎丘一地民风淳朴、风光靓丽，一片和谐景象；后诗"花翻浪涌疑天色，风动帆张共德威。昼夜如斯莫间歇，体乾勉已识璇玑"，写长江浪急天高、水天一线，千帆竞过、百舸争流的宏阔景象。璇玑，指北斗星的第一星至第四星。

影壁花墙楹联匾额

雍和堂"福"字影壁楹联：

敏事慎言耻躬行之不远
省身克己欲寡过而未能

这副楹联出自《论语》，其中"古者言之不出，耻躬之不逮也"出自《论语·里仁》，而"夫子欲寡其过而未能也"出自《论语·宪问》。它们均是有关儒家所提倡的修身养性的经典言论。

养和堂"三星在户"影壁楹联：

> 德滋福禄积善之家有余庆
> 道涵寿禧资富能训惟永年

据传，"福、禄、寿"三星3000年方得一聚，乃大吉大利之兆。
把"三星在户"刻制成石质影壁，立于宅院，其寓意不言自明。

客房院"鹿鸣图"影壁楹联：

仿圣贤行为方能滋品
读儒雅文集足可养心

古人尊鹿为瑞兽，《诗经·小雅·鹿鸣》中曰："呦呦鹿鸣，食野之苹。我有嘉宾，鼓瑟吹笙。"以鹿为影壁，寓好客迎宾之义。

体和堂影壁匾：载德

载德，意思是积德。

楹联：

> 三坟五典却是日常家用
> 四书六经原本济世文章

三坟五典，传说中上古时代的书籍。四书，指儒家经典著作《大学》《中庸》《论语》《孟子》；六经，指《诗》《书》《礼》《易》《乐》《春秋》。

贵和堂影壁匾：诒榖

诒榖，语出《诗经》"君子有榖，诒子孙"句。榖，指福禄，
一说指"善"；诒，指遗留。"诒榖"是说先祖的福泽留给后世子孙。

楹联：

> 大地灵钟肇启文明承景运
> 华堂瑞霭宏开富有衍心衢

景运，指好时运；衢，指四通八达的道路。
这副楹联连续使用了吉祥用语，表达了一种
美好祝愿。

狮园四狮照壁楹联：

奇石尽含千古秀
异花常占四时春

　　这副楹联采用卷蛇变形体篆字，布局端庄匀称，与照壁风格融为一体。楹联通过园中"奇石"之秀、"异花"之春，表达了庄园主人钟情自然山水草木，以及对巧夺天工的雅秀景致的向往和赞美。

杏园八卦影壁楹联：

拥林万亩眼底苍浪方悟种德若种树
存书万卷笔下瀚海才知做文即做人

　　这副楹联的上联是说"种树"如同"种德"，下联是说"做人"就像"读书"，它们都是一样的道理，需要日积月累、慢慢经营。

遵温公家範若戴俗訓

從文正操行來子格言

明清街松鹤影壁楹联：

> 遵温公家范君戴俗训
> 从文正操行朱子格言

　　这副楹联囊括了古代四位名人及其极有影响的家训、格言。其中，"温公家范"，温公指北宋司马光，字君实，陕州夏县（今山西夏县）涑水人。编纂有《资治通鉴》，著有《涑水纪闻》《温公家范》等。

　　"君戴俗训"应为"君载俗训"。"君载"指南宋袁采，字君载，衢州信安（今浙江省常山县）人。其作《袁氏世范》是一部童蒙读物，也称《俗训》，备受世人推崇，《四库全书提要》曰："固不失为《颜氏家训》之亚也。"

　　"文正操行"，"文正"指晚清时期政治家、文学家曾国藩。道光十八年（1838）进士，因镇压太平军有功，曾任两江总督、武英殿大学士。同治十一年（1872）卒，谥号文正，有《曾文正公全集》遗世。

　　"朱子格言"，"朱子"指明末清初朱用纯，字致一，号柏庐，江苏昆山人。明代生员，清初居乡教授学生，治学提倡知行并进。著有《治家格言》（又称《朱子家训》）等。

明清街奉旨承恩坊匾：继序绍述

常氏书写。继序，即继绪，指先后承接的序次；绍述，本指宋哲宗时对神宗所实行的新法的继承，后泛指承继前人所为。

楹联：

> 田畴连阡陌不及经典充箧笥
>
> 邸肆跨坊曲何如义方遗子孙

常氏书写。

田畴，指田地；箧笥，指盛物的竹箱；邸肆，指雄伟高大的府第；坊曲，指街巷。大意：家有良田万顷，不如把圣贤的经典传给后代；把宏伟的宅邸遗留给子孙，怎能比得上传授给他们做人的礼义与成就事业的道理？